GOUVERNEMENT GÉNÉRAL

DE L'ALGÉRIE

—

8ᵉ BUREAU

—

Nᵒ 6,120.

RÉQUISITIONS MILITAIRES

Pièce

8° F

2039

À Monsieur le

RÉQUISITIONS MILITAIRES

Instructions gouvernementales pour le recensement des chevaux, juments, mulets et mules, à opérer en 1893.

Instructions gouvernementales pour le recensement des voitures attelées à opérer en 1893.

DÉCISION GOUVERNEMENTALE DU 8 DÉCEMBRE 1892

Recensement des chevaux, juments, mulets et mules

En ce qui concerne le recensement des chevaux, juments, mulets et mules à opérer en 1893, aucune modification n'est apportée aux instructions du 17 novembre 1888, insérées au *Bulletin officiel* du Gouvernement général, n° 1131, et à celles du 18 novembre 1890, insérées au même *Bulletin*, n° 1199.

Recensement des voitures attelées.

Aux termes du décret du 8 août 1885 qui rend applicable à l'Algérie la loi du 3 juillet 1877 sur les réquisitions militaires et de l'arrêté du 4 novembre 1886 qui en réglemente les détails d'exécution, tous les trois ans, avant le 16 janvier, a lieu, dans chaque commune, un recensement général des voitures attelées autres que celles qui sont exclusivement affectées au transport des personnes.

En exécution d'une décision de M. le Ministre de la Guerre, ce recensement aura lieu en Algérie en 1893. Après entente avec l'autorité militaire, il a été décidé que les opérations du recensement s'effectueraient dans les conditions ci-après déterminées par les articles 85, 86, 87 et 88 de l'arrêté du 4 novembre 1886 (*Bulletin officiel*, n° 1039) et conformément aux instructions du Ministre de la Guerre des 19 septembre et 22 octobre 1892.

ART. 85. -- Tous les trois ans, le maire ou l'autorité qui en tient lieu fait la liste de recensement des voitures attelées, dans les conditions et aux époques de l'année indiquées pour le recensement des chevaux et mulets.

Le Gouverneur général avertit le préfet deux mois avant le 1er janvier de l'année où doit se faire ce recensement.

Le préfet avertit le maire ou l'autorité qui en tient lieu, au moins six semaines avant le commencement de cette même année.

ART. 86. — Sont portées sur la liste de recensement indiquée à l'article précédent toutes les voitures non suspendues, suspendues, mixtes ou autres, qui ne sont pas exclusivement affectées au transport des personnes, pourvu que le propriétaire de ces voitures puisse les atteler dans les conditions que comporte leur forme ou leur poids, d'un cheval ou mulet, ou de deux chevaux ou mulets, classés ou susceptibles d'être classés.

ART 87 — Si un propriétaire possède plusieurs voitures et s'il ne peut fournir qu'un seul attelage, le maire ou l'autorité qui en tient lieu porte sur la liste de recensement celle de ces voitures qui lui paraît la plus propre au service de l'armée.

Si le propriétaire peut fournir plusieurs attelages, il est porté sur la liste de recensement autant de voitures qu'il peut en atteler à la fois.

Dans ce cas, le maire ou l'autorité qui en tient ., veille à ce que, pour chacune des voitures recensées, il soit inscrit, suivant sa forme et son poids, un ou plusieurs animaux capables d'un bon service et inscrits sur la liste de recensement des chevaux, juments, mulets ou mules.

ART. 88. — L'état de recensement des voitures attelées contient le signalement des voitures et des animaux ainsi que l'inscription de ces derniers sur l'état de recensement, s'ils n'ont pas encore été classés, ou leur numéro de classement, s'ils figurent sur le dernier état de classement de la commune.

Le recensement comprendra toutes les voitures non suspendues, suspendues, mixtes ou autres, qui ne sont pas exclusivement affectées au transport des personnes, pourvu que le propriétaire de ces voitures puisse les atteler à l'aide d'un ou de deux animaux figurant sur la liste de resencement des chevaux, juments, mulets et mules susceptibles d'être requis à la date du 1er janvier 1893. Par suite, le recensement ne sera pas appliqué aux voitures appartenant aux agents diplomatiques et aux nationaux des pays étrangers, dont les chevaux, juments, etc., ne sont pas soumis au recensement (Instruction du 21 septembre 1892 sur le recensement des chevaux).

Les avertissements publiés par les préfets et par les maires au sujet de ce dernier recensement feront connaître également dans quelles conditions doit s'opérer la déclaration, par les propriétaires intéressés, des voitures attelées susceptibles d'être requises.

Dans chaque commune il sera ouvert par le maire, dans les conditions et aux époques fixées pour le recensement des voitures attelées susceptibles d'être requises, un registre de déclaration conforme au modèle A ci joint, de toutes les voitures non affectées, au service des personnes quel que soit l'âge des chevaux d'attelage, qu'ils aient été réformés ou non.

La déclaration par les propriétaires intéressés de toutes les voitures attelées qu'ils possèdent doit être effectuée avant le 1er janvier 1893, et fait l'objet, de la part du maire, d'une inscription sur le registre de déclaration (modèle A).

Du registre de déclaration sont extraits :

1° La liste de recensement des voitures attelées susceptibles d'être requises dressée conformément aux dispositions ci-après (registre modèle n° 1) ;

2° L'état récapitulatif des voitures attelées en dehors de celles susceptibles d'être requises, existant au 15 janvier 1893, conforme au modèle B ci-joint.

Les inscriptions à porter sur la liste de recensement (registre modèle n° 1), comprendront :

1° Les nom et prénoms de chaque propriétaire (colonne n° 1) ;

2° Sa profession (colonne 2) ;

3° Son domicile (colonne 3) ;

4° Le nombre de voitures attelées des différentes espèces, susceptibles d'être requises, existant chez chaque propriétaire.

Les indications à faire figurer dans les colonnes 4, 5, 6 et 7 ne devront comprendre que des unités destinées à faire connaître l'espèce de la voiture recensée. Une ligne horizontale devant être réservée pour le signalement de chaque animal faisant partie d'un attelage, l'inscription d'une voiture attelée à deux chevaux sera faite par suite sur deux lignes horizontales du registre. On réunira par une accolade le signalement des deux animaux formant un même attelage.

Les inscriptions relatives aux différentes voitures appartenant à un même propriétaire seront réunies sous une même accolade.

• 5° Dans la colonne 8, on devra inscrire très succinctement le signalement de la voiture ; on indiquera si cette voiture est suspendue ou non suspendue, munie ou non d'un toit ou d'une bâche ; on fera connaître également d'une façon approximative le poids maximum du chargement qu'elle pourrait contenir, eu égard à l'attelage qui lui est affecté.

6° Les indications à faire figurer dans les colonnes 10, 11, 12, 13 et 14, au sujet du signalement des attelages, seront la reproduction de celles qui sont inscrites sur la liste de recensement pour 1893 des chevaux, juments, etc., de la commune.

On tiendra compte, pour l'inscription de ces indications, des dispositions mentionnées plus haut au § 4°.

7° Les colonnes 9 et 15, destinées à indiquer le classement à donner ultérieurement aux voitures et aux attelages par la commission de classement, seront provisoirement laissées en blanc, pour être remplies en temps opportun par le président de cette commission.

Si un propriétaire possède plusieurs voitures et s'il ne peut fournir qu'un seul attelage, le maire porte sur le registre de recensement celle de ces voitures (autant que possible à quatre roues) qui lui paraît la plus propre au service de l'armée, tout en étant susceptible d'être employée avec l'attelage dont il s'agit.

Si le propriétaire peut fournir plusieurs attelages, il est porté sur le registre de recensement autant de voitures (de préférence à quatre roues) qu'il peut en atteler à la fois. Dans ce cas, le maire veille à ce que, pour chacune des voitures recensées, il soit inscrit, suivant sa forme et son poids, un ou plusieurs animaux capables d'un bon service et portés sur la liste de recensement des chevaux, juments, mulets et mules. Alors même qu'une voiture serait présentée attelée d'un ou de plusieurs animaux ne figurant pas sur cette liste, l'inscription devra en être faite sur le registre de recensement des voitures, si le propriétaire de cette voiture possède, indépendamment de ces animaux non recensés, un ou plusieurs chevaux, etc., figurant sur la liste de recensement et capables d'être employés pour l'attelage de la voiture.

Le maire sera tenu de délivrer à tous les propriétaires qui feront la déclaration de leur voiture attelée, un certificat modèle n° 4, constatant la dite déclaration et mentionnant le nombre et l'espèce des voitures recensées.

Ce certificat sera remis au propriétaire immédiatement après l'inscription faite par le maire sur le registre de recensement des voitures. Si le propriétaire a plusieurs résidences, il devra présenter le certificat de déclaration modèle n° 4 aux maires des communes où il ne déclare pas ses voitures attelées.

Dans les villes divisées en plusieurs cantons, il devra être ouvert un registre de recensement modèle n° 1 pour chaque canton ou arrondissement municipal, et à Paris pour chaque quartier.

Le registre de recensement des voitures attelées sera visé et certifié par le maire, à la date du 15 janvier 1893. Ce document devra être conservé avec le plus grand soin jusqu'à l'époque du recensement suivant.

Il continuera à rester ouvert pour recevoir les inscriptions et mutations ultérieures, et, en particulier, pour les inscriptions qui doivent être faites, comme il a été dit plus haut, dans les colonnes 9 et 15, par le président de la commission de classement des chevaux, juments, etc., et des voitures attelées.

Dans chaque mairie, le registre de recensement sera mis à la disposition de toutes les personnes qui voudront le consulter.

D'après les indications fournies par le registre de déclaration (modèle A), le maire dresse, en double expédition, dans chaque commune, un relevé numérique conforme à l'état modèle n° 2, des voitures attelées susceptibles d'être requises, existant au 15 janvier 1893, ainsi que l'état récapitulatif modèle B, ci-dessus mentionné.

L'état B et le relevé numérique sont établis même « Néant ». Les deux expéditions de ces états sont transmises, dès le 20 janvier, au sous-préfet de l'arrondissement, qui en conserve une et transmet l'autre, sans délai, au bureau de recrutement du ressort.

D'une manière générale, les publications faites dans les communes par les maires ou les préfets, au sujet du recensement des voitures attelées susceptibles d'être requises, doivent être opérées dans les mêmes conditions que celles qui concernent le recensement des chevaux et des mulets.

Les imprimés destinés à l'établissement des registres modèles A et I, ainsi que les états modèles B, n°s 2 et 4 nécessaires, seront fournis au maire par les préfets.

Les dépenses résultant de cette fourniture et de celle des affiches seront à la charge du département de la guerre et seront remboursées par les soins des fonctionnaires de l'intendance, suivant le même mode que les dépenses relatives au recensement des chevaux.

Il importe que les opérations du recensement des voitures soient effectuées avec toute la régularité désirable, et que les inscriptions qui doivent figurer sur le registre modèle A et son extrait n° 1 soient exactes et complètes.

Les recommandations les plus formelles devront être adressées à cet égard aux maires, afin que l'établissement des pièces qui doivent être adressées par eux, et notamment du registre modèle n° 1 et du relevé modèle n° 2, soit effectué avec le plus grand soin et la plus grande exactitude.

Il conviendra, en outre, de rappeler que le recensement prévu par la loi n'apporte aucune restriction au droit de propriété et aux transactions dont les voitures peuvent être l'objet, et que la négligence des propriétaires, dans les déclarations prescrites, les rend passibles d'une amende qui, aux termes de l'article 52 de la loi du 3 juillet 1877, peut varier de 25 francs à 2,000 francs. Il importe, d'ailleurs, d'observer que cette pénalité peut être appliquée à l'égard des maires qui ne se conformeraient pas aux dispositions de la loi précitée.

Les infractions commises par les propriétaires, qui n'auraient pas fait à la mairie la déclaration obligatoire de leurs voitures attelées ou qui auraient fait sciemment de fausses déclarations, seront constatées de la même manière que celles relatives au recensement des chevaux, juments, etc. Les procès-verbaux établis à ce sujet devront être transmis à M. le Procureur de la République, qui leur fera donner telle suite que de droit.

Je vous prie, Messieurs, de vouloir bien prendre les mesures nécessaires pour assurer, chacun en ce qui vous concerne, l'exécution des dispositions qui précèdent.

Alger, le 8 décembre 1892.

Le Gouverneur général,

JULES CAMBON.

MINISTÈRE
DE LA GUERRE

———————————————
MODÈLE A
—
Circulaire ministérielle
du 21 octobre 1892

Dans les villes divisées
en plusieurs cantons il devra y avoir un registre sé-
paré pour chaque canton.

Loi du 3 juillet 1877.
(Article 37).

REGISTRE DE DÉCLARATION

DES

VOITURES ATTELÉES

EXISTANT

dans la COMMUNE d

CANTON d

ARRONDISSEMENT d

DÉPARTEMENT d

OUVERT LE   DÉCEMBRE 1892

Sont seules dispensées de la déclaration et du recensement les personnes ci-après dési-
gnées :

1° Les agents diplomatiques des puissances étrangères ;
2° Les nationaux des pays désignés ci-après, en faveur desquelles l'exemption de toute
réquisition militaire a été stipulée par des conventions spéciales, savoir : Allemagne, République Argentine, Brésil, Chili, République Dominicaine, Équateur, Espagne, Grande-Bretagne, Haïti, Honduras, Mexique, Russie, Sandwich, République sud-africaine, Suisse.

A. — Voitures attelées.

EXPLICATIONS

POUR

L'ÉTABLISSEMENT DU REGISTRE DE DÉCLARATION

Ce registre doit comprendre toutes les inscriptions relatives aux voitures autres que celles qui sont exclusivement affectées au transport des personnes, quel que soit l'âge des chevaux d'attelage, qu'ils aient été réformés ou non.

Les inscriptions sont faites sur le registre, au fur et à mesure des déclarations des propriétaires. Les noms, prénoms, professions, qualités et domiciles des propriétaires sont mentionnés dans les colonnes 1, 2 et 3.

L'espèce de la voiture est indiquée par le chiffre 1, dans une des colonnes 4, 5, 6 et 7.

Les indications à faire figurer dans les colonnes 10, 11, 12 et 13, au sujet du signalement des attelages, seront la reproduction de celles qui sont inscrites sur le registre de déclaration pour 1893, des chevaux, juments, etc., de la commune. Une ligne horizontale du registre sera réservée pour le signalement de chaque animal. Par suite, l'inscription relative à une voiture à deux ou à quatre roues, attelée à un cheval, sera faite sur une ligne horizontale, tandis que l'inscription d'une voiture attelée à deux chevaux devra être faite sur deux lignes. On réunira par une accolade, entre les colonnes 9 et 10, les signalements des deux animaux formant l'attelage.

Les inscriptions relatives aux différentes voitures appartenant à un même propriétaire seront réunies également sous une accolade, entre les colonnes 3 et 4.

On mentionnera dans la colonne 8 si la voiture est suspendue ou non, couverte ou non, ou munie d'une bâche.

On indiquera dans la colonne 9 le poids maximum du chargement que cette voiture pourrait porter.

DÉSIGNATION DES PROPRIÉTAIRES			NOMBRE de voitures attelées existant chez chaque propriétaire				SIGNALEMENT DES VOITURES		SIGNALEMENT DES ATTELAGES				OBSERVATIONS
			Voitures à 2 roues		Voitures à 4 roues								
NOMS et prénoms	Professions et qualités	Domiciles	à 1 cheval	à 2 chevaux	à 1 cheval	à 2 chevaux	Forme, couverture	Poids transportable	Espèce et sexe de l'animal	Âge en 1893	Taille en centimètres	Nom, robe et signes particuliers	
1	2	3	4	5	6	7	8	9	10	11	12	13	14

A reporter ...

MINISTÈRE
DE LA GUERRE
—
Modèle B.
—
Circulaire ministérielle
du 22 octobre 1892.

DÉPARTEMENT d

ARRONDISSEMENT d

CANTON d

COMMUNE d

Loi du 3 juillet 1877.
(Article 37).

ÉTAT récapitulatif des voitures attelées, en dehors de celles susceptibles d'être requises, existant au 15 janvier 1893.

DÉSIGNATION DES PROPRIÉTAIRES			NOMBRE DE VOITURES ATTELÉES				OBSERVATIONS
			À 2 ROUES		À 4 ROUES		
NOMS ET PRÉNOMS	PROFESSIONS et qualités	DOMICILES	à 1 cheval	à 2 chevaux	à 1 cheval	à 2 chevaux	
TOTAUX.....							

Fait à   , le   janvier 1893.

Le Maire,

MINISTÈRE
DE LA GUERRE

MODÈLE N° 1.

Instruction ministérielle
du 19 septembre 1892.

Loi du 3 juillet 1877.

(Réquisitions
militaires.)

TITRE VIII. — Art. 37.

REGISTRE DE RECENSEMENT

DES VOITURES ATTELÉES SUSCEPTIBLES D'ÊTRE REQUISES

EXISTANT

dans la COMMUNE d

CANTON d

ARRONDISSEMENT d

DÉPARTEMENT d

OUVERT LE   DÉCEMBRE 1892

EXPLICATIONS

POUR

L'ÉTABLISSEMENT DU REGISTRE DE RECENSEMENT

———

Ce registre doit comprendre toutes les inscriptions relatives aux voitures autres que celles qui sont exclusivement affectées au transport des personnes, pourvu que le propriétaire de ces voitures puisse les atteler à l'aide d'un ou de deux animaux figurant sur la liste du recensement des chevaux, juments, mulets et mules, susceptibles d'être requis à la date du 1er janvier 1893.

Voir au nota ci-dessous l'indication des propriétaires auxquels le recensement des voitures n'est pas appliqué.

———

Les inscriptions sont faites sur le registre, au fur et à mesure des déclarations des propriétaires. Les noms, prénoms, professions, qualités et domiciles des propriétaires sont mentionnés dans les colonnes 1, 2 et 3.

L'espèce de la voiture est indiquée par le chiffre 1, dans une des colonnes 4, 5, 6 et 7.

Les indications à faire figurer dans les colonnes 10, 11, 12, 13 et 14, au sujet du signalement des attelages, seront la reproduction de celles qui sont inscrites sur la liste de recensement pour 1890, des chevaux, juments, etc., de la commune. Une ligne horizontale du registre sera réservée pour le signalement de chaque animal. Par suite, l'inscription relative à une voiture à deux ou quatre roues, attelée à un cheval, sera faite sur une ligne horizontale, tandis que l'inscription d'une voiture attelée à deux chevaux devra être faite sur deux lignes. On réunira par une accolade, entre les colonnes 9 et 10, les signalements des deux animaux formant un même attelage.

Les inscriptions relatives aux différentes voitures appartenant à un même propriétaire seront réunies également sous une même accolade, entre les colonnes 3 et 4.

On mentionnera dans la colonne 8 si la voiture est suspendue ou non suspendue, si elle est munie ou non d'un toit ou d'une bâche. On indiquera en outre dans la même colonne le poids maximum du chargement que cette voiture pourrait porter.

Les colonnes 9 et 15 seront laissées en blanc pour être remplies ultérieurement par les soins du président de la commission de classement des animaux et des voitures attelées.

Nota. — Le recensement des voitures attelées n'est pas appliqué à l'égard :

1° Des agents diplomatiques des puissances étrangères ;

2° Des nationaux des pays désignés ci-après, en faveur desquels l'exemption de toute réquisition militaire a été stipulée par des conventions spéciales, savoir : Allemagne, République Argentine, Brésil, Chili, République dominicaine, Equateur, Espagne, Grande-Bretagne, Haïti, Honduras, Mexique, Russie, Sandwich, République sud-africaine, Suisse.

DÉSIGNATION DES PROPRIÉTAIRES		NOMBRE de voitures attelées, susceptibles d'être requises, existant chez chaque propriétaire.				SIGNALEMENT DES VOITURES		SIGNALEMENT DES ATTELAGES.							
NOMS et prénoms	Professions et qualités	Domiciles	Voitures à 2 roues. à 1 cheval.	à 2 chevaux.	Voitures à 4 roues. à 1 cheval.	à 2 chevaux.	Forme, poids transportable	Classement donné par la commission en 1893.	Espèce et sexe de l'animal.	Age en 1893.	Taille en centimètres	Nom, robe et signes particuliers	Classement donné par la commission en 1893	Classement donné par la commission en 1893	Observations
1	2	3	4	5	6	7	8	9	10	11	12	13	14	15	16

A reporter....

DÉSIGNATION DES PROPRIÉTAIRES			NOMBRE de voitures attelées, susceptibles d'être requises, existant chez chaque propriétaire.				SIGNALEMENT DES VOITURES		SIGNALEMENT DES ATTELAGES.						OBSERVATIONS
			Voitures à 2 roues.		Voitures à 4 roues.		Forme, poids, transportable	Classement donné par la commission en 1893.	Espèce et sexe de l'animal.	Age en 1893.	Taille en centimètres.	Nom, robe et signes particuliers.	Classement donné par la commission en 1890.	Classement donné par la commission en 1893.	
Noms et prénoms	Professions ou qualités	Domiciles	à 1 cheval.	à 2 chevaux.	à 1 cheval.	à 2 chevaux.									
1	2	3	4	5	6	7	8	9	10	11	12	13	14	15	16
Report......															
TOTAL........															

MINISTÈRE
DE LA GUERRE

MODÈLE N° 2

Instruction ministérielle
du 19 septembre 1892

Loi du 3 juillet 1887

(Réquisitions militaires)

TITRE VIII. — Art. 37

DÉPARTEMENT d

ARRONDISSEMENT d

CANTON d

COMMUNE d

RELEVÉ numérique des voitures attelées, susceptibles d'être requises, existant au 15 janvier 1893.

VOITURES A 2 ROUES		VOITURES A 4 ROUES		TOTAL des VOITURES ATTELÉES
à 1 cheval	à 2 chevaux	à 1 cheval	à 2 chevaux	

Fait à , le janvier 1893.

Le Maire,

MINISTÈRE
DE LA GUERRE

3ᵉ DIRECTION

ARTILLERIE
et
ÉQUIPAGES MILITAIRES

2ᵉ BUREAU

MATÉRIEL
DE L'ARTILLERIE
et des
ÉQUIPAGES MILITAIRES

Instruction ministérielle
du 19 septembre 1892.

MODÈLE Nᵒ 3

Loi du 3 juillet 1877

(Réquisitions militaires)

• CORPS D'ARMÉE

—

• SUBDIVISION

—

BUREAU DE RECRUTEMENT D

—

*ÉTAT numérique des voitures attelées, susceptibles d'être requises
existant au 15 janvier 1893.*

DÉPARTEMENTS — (Par ordre alphabétique)	ARRONDISSE-MENTS — (Par ordre alphabétique pour chaque département)	CANTONS — (Par ordre alphabétique pour chaque arron-dissement)	COMMUNES — (Par ordre alphabétique pour chaque canton)	VOITURES A 2 ROUES		VOITURES A 4 ROUES		TOTAL
				à 1 cheval	à 2 chevaux	à 1 cheval	à 2 chevaux	
			A reporter............					

DÉPARTEMENTS — (Par ordre alphabétique)	ARRONDISSE- MENTS — (Par ordre alphabétique pour chaque département)	CANTONS — (Par ordre alphabétique pour chaque arron- dissement)	COMMUNES — (Par ordre alphabétique pour chaque canton)	VOITURES A 2 ROUES		VOITURES A 4 ROUES		TOTAL
				à 1 cheval	à 2 chevaux	à 1 cheval	à 2 chevaux	
			Report.........					
			TOTAL..............					

MINISTÈRE
DE LA GUERRE

MODÈLE N° 4

Instruction ministérielle
du 19 septembre 1892

(1) Nom et prénoms.
(2) Profession.
(3) Nombre de voitures
en chiffres.
(4) Nombre total des voitures en toutes lettres.

Loi du 3 juillet 1877
et décret du 2 août 1877

(Réquisitions militaires)

RECENSEMENT POUR 1893
DES VOITURES ATTELÉES SUSCEPTIBLES D'ÊTRE REQUISES

CERTIFICAT DE DÉCLARATION

L'an mil huit cent quatre-vingt-douze, le   du mois de décembre, je soussigné, maire de la commune d   , canton d   , arrondissement d   , département d   , certifie que le sieur (1)   , (2)   , domicilié dans cette commune, a déclaré, au recensement des voitures attelées, 1 voiture ci-après, savoir :

    (3)   voiture à 2 roues et à 1 cheval ;
    (3)   —   —   2 chevaux ;
    (3)   voiture à 4 roues et à 1 cheval ;
    (3)   —   —   2 chevaux ;
soit au total (4)   voitures.

Le Maire,

Alger. — Typ. P. Fontana et Cie — Décembre 1892